LUISE
KÖNIGIN von PREUSSEN

Marlies Schnaibel

EDITION RIEGER

Abbildungen
Auf dem Umschlag und Innentitel: *Königin Luise*
Gemälde von Joseph Grassi, 1802, Stiftung Preußische Schlösser und Gärten Berlin-Brandenburg
Auf der Rückseite: *Bild aus einem Zigarettenbilderalbum von 1933 nach einer Miniatur von Le Chevalier de Chateaubourg, 1799*

2. Auflage

KARWE / BEI NEURUPPIN
Lange Straße 63, 16818 Karwe
Telefon und Fax: 03 39 25 / 7 10 63
E-Mail: edition_g_rieger@hotmail.com
Internet: www.edition-rieger.de

Satz: Theuberger Verlag GmbH
Druck: Druckerei Steinmeier, Nördlingen
Abbildungen: Stiftung Preußische Schlösser und Gärten Berlin-Brandenburg / Bildarchiv (Titel), Autorin (S. 9, 18, 19, 29, 31), Lisa Riedel, Neuruppin (S. 34), alle anderen Archiv des Verlages.

Luise – sie war Preußens Königin der Herzen. Sie war eine ungewöhnliche Frau – schön und elegant, bewundert und geliebt. Nie vorher und nie nachher hatte Preußen eine so populäre Monarchin. Legenden und Mythen umranken bis heute diese außergewöhnliche Gestalt.

Völlig unerwartet starb Luise im Sommer des Jahres 1810, erst vierunddreißigjährig, in der finsteren Zeit des Triumphes Napoleons über Preußen. Trauer und Zukunftssorgen erfaßten jedermann, ob arm oder reich. König Friedrich Wilhelm III. und sieben Kinder verloren ihre wichtigste Stütze, den zentralen Punkt ihres Lebens. Luises früher Tod – ein Schicksalsschlag für ganz Preußen.

Kindheit und Jugend in Hannover und Darmstadt

Luise Auguste Wilhelmine Amalie von Mecklenburg-Strelitz wurde am 10. März 1776 in Hannover geboren. Erst zwanzig Jahre später wird sie das Land, dessen Namen sie trägt, das erste Mal betreten. Ihr Vater, Carl Ludwig Friedrich von Mecklenburg-Strelitz, ist Gouverneur seines Schwagers, des Kurfürsten von Hannover und englischen Königs, Georg III., in Hannover – ein gut bezahlter Posten mit zahlreichen repräsentativen Verpflichtungen, denen der elegante, gewandte und zuweilen etwas leichtlebige Fürst mit Bravour gerecht wird. 1768 heiratet er die

16jährige Prinzessin Friederike von Hessen-Darmstadt. In 14 Ehejahren bringt sie zehn Kinder zur Welt, davon sterben fünf früh. Luises Schwestern Charlotte, Therese, Friederike und dem Bruder Georg wird ein längeres Leben beschieden sein. Neunundzwanzigjährig stirbt Luises Mutter zwei Tage nach Geburt und Tod einer Schwester – Luise ist sechs Jahre alt. Witwer Carl heiratet erneut – Charlotte, die jüngere Schwester seiner verstorbenen Frau. Nach einjähriger Ehe wird sie Mutter des Sohnes Karl. Zwölf Tage später wird Luises Vater erneut Witwer. Nun teilt er die Kinder auf. Die beiden Jungen Georg und Karl bleiben bei ihm in Hannover, die Töchter vertraut er ihrer Großmutter, der allseits beliebten, resoluten Dame, in der Familie und vom Volke stets nur Prinzessin George genannt, in Darmstadt an.

Hier wachsen sie ungezwungen, unbekümmert und gesellig auf. Die Großmutter, beglückt von der frohen Kinderschar, schenkt ihnen all ihr Vertrauen, ihre Zuneigung und Liebe. Hier genießen sie das Leben in der kleinen Residenzstadt, unternehmen Landpartien, fahren zur Kaiserkrönung nach Frankfurt und empfangen häufig Gäste.

Prinzessin Marie Luise Albertine von Hessen-Darmstadt (1729 – 1818), genannt Prinzessin George, Tochter des Grafen Christian Karl von Leiningen-Heidesheim, verheiratet 1740 mit Georg Wilhelm von Hessen-Darmstadt (1722 – 1782), zeitgenössischer Scherenschnitt

Luises Vater Carl Ludwig Friedrich Herzog von Mecklenburg-Strelitz (1741 – 1816) regierte von 1794 bis 1815 (Großherzog ab 28. 6. 1815), heiratete 1768 Friederike Caroline Luise von Hessen-Darmstadt (1752 – 1782) und nach ihrem Tode ihre Schwester, Charlotte Wilhelmine Christiane Marie von Hessen-Darmstadt (1755 – 1785). Nachfolger wurde sein Sohn Georg (1779 – 1860), der ab 1815 erst als Regent dann als Großherzog regierte.

Brautzeit – Auftritt der Grazien

Im fernen Preußen wachsen zwei Prinzen heran, deren Mutter eine Prinzessin von Hessen-Darmstadt ist, die zweite Gattin König Friedrich Wilhelms II. Doch ist dessen Leumund am hessischen Hofe nicht der beste, zieht doch der »dicke Wilhelm« – wie er landauf, landab genannt wird – seine Mätresse Wilhelmine seiner angetrauten Gattin vor, so daß dieser nur ein Leben im Schatten gewährt ist. Außerdem verheiratet sich der König hintereinander mit zwei Geliebten zur linken Hand. Auch das freudlose Leben der Ehefrauen Friedrichs II. und seines in Rheinsberg lebenden Bruders Heinrich erhöhen nicht gerade das Ansehen preußischer Freier.

Inzwischen sind Luises ältere Schwestern unter die Haube gebracht. Charlotte wurde an den unmusischen Herzog von Sachsen-Hildburghausen verheiratet, das Haupt eines der vielen kleinen, finanzschwachen Fürstentümer in Deutschland. Therese findet eine bessere Partie, zumindest finanziell. Sie heiratet – zwar nicht ganz standesgemäß – den

Prinzen von Thurn und Taxis, dessen Familie durch das kaiserliche Postmonopol zu großem Reichtum gelangt war. Als einzige der Geschwister wird sie nie über materielle Not zu klagen haben.

Luise und Friederike bleiben in Darmstadt zurück. Prinz Georg, Luises Onkel, der Sohn ihrer Großmutter, erringt bei den Kämpfen während des Ersten Koalitionskrieges seit 1792 die Aufmerksamkeit des Preußenkönigs. Dieser Onkel, die Heiratspläne des Königs im Hinterkopf, nutzt die Gelegenheit und bringt seine Nichten ins Gespräch. Vom Liebreiz der Schwestern hatte der Schwerenöter aus Berlin schon gehört. Auf einem Ball in Frankfurt/Main sollen die beiden Prinzessinnen Anfang März 1793 dem preußischen König vorgestellt werden. Erst jetzt werden die Mädchen eingeweiht. Im Theater begegnen sich die jungen Leute zum ersten Mal, am nächsten Tag sehen sie sich zum

Die Schwestern Luise und Friederike im Park zu Sanssouci, Schabkunstblatt um 1794

Am 19. März 1793 wirbt der als schüchtern geltende Kronprinz Friedrich Wilhelm von Preußen um die Hand Luises. Er berichtet: »Nach vielem Stottern und unzusammenhängenden Phrasen faßte ich endlich Mut und trug ohne viel Umstände mein Anliegen vor. Wir standen am Fenster, meine Frau mit dem Rücken an die Fensterwand gelehnt. Mit jungfräulicher Bescheidenheit, aber herzlichem Ausdruck willigte sie ein. Ich fragte, ob ich dürfte, und ein Kuß besiegelte diesen feierlichen Augenblick.«

Frühstück und an den folgenden Abenden auf Bällen. Der König ist von den beiden »Grazien« – 17 und 15 Jahre alt – aufs äußerste entzückt.

Nur die jungen Prinzen – Friedrich Wilhelm ist 23 Jahre und Louis 20 Jahre alt – sind noch etwas zögerlich. Louis' Herz gehört bereits einer anderen, die er jedoch aus Standesgründen nie wird heiraten können. Er gibt sich gelassen: Friedrich solle wählen, er nähme, was übrig bleibt.

Thronfolger Friedrich ist ein großer, schlanker, attraktiver Mann. Allerdings hat er eine freud- und lieblose Kindheit hinter sich. Er gilt als verschlossen, schüchtern und schroff. Fast hölzern wirkt sein Auftreten. Er tanzt und spricht mit Luise und Friederike. Anfangs gefällt ihm die lustigere, quirlige Friederike besser, dann entscheidet er sich doch für die sanftere, ruhigere Luise. Am 18. März hält der König von Preußen bei Prinzessin George für seine Söhne um die Hand ihrer Enkelinnen an.

Die Würfel sind gefallen, für April wird die Verlobung und für Weihnachten des Jahres die Doppelhochzeit in Berlin vereinbart. Die Kosten übernimmt der König. Der Vater der Prinzessinnen atmet auf; standesgemäße Hochzeiten hätte er nie bezahlen können. Im Ehekontrakt vom 11. Dezember 1793 wird festgeschrieben: »Sobald das Beilager gehalten«, wird Luise »zu selbsteigener Disposition eine jährliche Rente von 6 000 Thalern« erhalten. Sollte ein Sohn geboren werden, wird die »Morgengabe-Rente von 600 auf 1 000 erhöht«, für eine Tochter gibt es nichts.

In der Verlobungszeit – der Bräutigam zieht wieder in den Krieg – schreiben sich Luise und Friedrich rührende Briefe. Herzlichkeit und Nestwärme hatte der 23jährige Friedrich bisher nie erfahren. Bei Luise spürt er, genau das zu finden.

Hochzeit – Triumphzug nach Berlin

Am 22. Dezember 1793 ziehen Luise und Friederike in die geschmückte Hauptstadt ein. Jubel überall. Besonders reizend eine Gruppe von 50 kleinen Bürgertöchtern. Aus ihrer Mitte überreicht eine ein Festgedicht. Luise ist überwältigt, hält das Mädchen hoch und küßt es. Ihre Oberhofmeisterin Gräfin Voß ist entsetzt und tadelt die glückliche Luise. Ihre prompte Reaktion »Wie? Darf ich das denn nicht mehr tun?« machte die junge Frau mit einem Schlag bei den Berlinern populär.

Am 24. Dezember wird geheiratet. Zwei Tage später stehen Friederike und Louis vor dem Traualtar. Doch Louis bleibt eiskalt. Das Kronprinzenpaar zieht ins gleichnamige Palais, Bruder und Schwester ins benachbarte Prinzessinnenpalais. Beide Häuser sind (noch heute) durch eine Brücke über die Oberwallstraße verbunden – zum Glück für die beiden Schwestern.

Nach der Hochzeitsnacht duzen sich Friedrich und Luise – auch das ist in ihren Kreisen noch völlig unüblich. In der Öffentlichkeit sprechen sie von »meinem Mann« und »meiner Frau«. Ihr täglicher Umgang ist ungezwungen, ja fast bürgerlich. Besonders er, der Scheue, der öffentliche Repräsentation meidet, sehnt sich nach familiärer Geborgenheit, nach einem zurückgezogenen privaten Leben. Luise muß ständig in seiner Nähe sein; später wird sie ihm auch aufs Schlachtfeld folgen. Eine Liebe gedeiht – eine Seltenheit in fürstlichen Ehen.

Frühling auf der Pfaueninsel

Kronprinzenjahre – Pflicht und Vergnügen

Der Alltag der Kronprinzessin besteht aus Verpflichtungen und Vergnügungen. Mittwochs heißt es Cour bei der Königin-Witwe, bei Elisabeth Christine, Witwe Friedrichs II., donnerstags und sonntags empfängt die regierende Königin. Theater, Empfänge, Bälle wechseln sich ab, lassen dem jungen Paar wenig Zeit für sich selbst. Luise muß sich in der neuen Umgebung zurechtfinden. Berlin ist so anders als das beschauliche Darmstadt. Preußens Hauptstadt ist um 1800 mit 180 000 Einwohnern die viertgrößte Stadt Europas.

Luise tanzt zuviel mit dem attraktiven und beliebten Prinzen Louis Ferdinand. Das sorgt für Gerede. »Szenen ohne Ende«, schreibt Gräfin Voß in ihr Tagebuch, vermeldet »Wutausbrüche und Tränen«, wenn sie über Auseinandersetzungen zwischen den jungen Eheleuten berichtet. Der König rügt in einem Brief an seinen Sohn das unbeschwerte Auftreten seiner jungen Frau. Der Kronprinz stellt sie zur Rede, jedoch nicht in der Öffentlichkeit. Er hält treu und fest zu seiner Luise.

Das Kronprinzen- und rechts angeschnitten das Prinzessinnenpalais Unter den Linden in Berlin

Zu ihrem ersten Geburtstag als Kronprinzessin erhält Luise von ihrem Schwiegervater ein königliches Geschenk, das Schloß Oranienburg. Einst gehörte es dem Großvater ihres Mannes, dem Prinzen August Wilhelm, Bruder Friedrichs des Großen. Doch halten sich Luise und Friedrich Wilhelm hier selten auf, vielleicht behagt ihnen das große, lange Zeit ungenutzte Schloß mit dem verwilderten Park nicht. 1794/95 genießen sie in Oranienburg die Sommerfrische. Friedrich überträgt seiner Frau die Oberaufsicht des dortigen Waisenhauses, das Kurfürstin Luise Henriette gestiftet hatte. Luise besucht das Haus, spricht mit dem Rektor, hospitiert im Unterricht. Selbst die »zuchtloseste Klasse« wird der Kronprinzessin vorgeführt. Doch das »Zuchtlose« besteht nach Ansicht des Rektors im Lehrer Lebrecht, der als Anhänger Pestalozzis gilt. Die Kronprinzessin ist empört, den Kronprinzen erschüttert das aber nicht. Luise läßt sich Akten bringen, spricht mit dem Ortsgeistlichen und den Erzieherinnen, um sich ein Bild über den »gemeingefährlichen und unsittlichen« Menschen zu machen. Vorgeworfen wird dem Lehrer unter anderem, daß er in Berliner Künstler- und Schriftstellerkreisen gesehen worden sei, das Theater besucht und in literarischen Vereinen gesprochen habe. Schließlich leiht sich Luise Pestalozzis Volksbuch aus. Aber statt das Gelesene zu verteufeln, fühlt sie sich ergriffen. Die Idee der Harmonie, der Verbindung zur Natur kommt ihr wie eine Offenbarung vor. Gern hätte sie das Waisenhaus in Oranienburg völlig umgekrempelt, aber lediglich tägliches Lüften und das Hineinlassen von Sonnenlicht kann sie anregen. In Paretz kann sie später ihren Gatten gewinnen, eine Schule zu bauen – als Leiter wird Herr Lebrecht aus Oranienburg angestellt.

Familie – erster Besuch im Lande der Väter

Der 2. Juni 1794 versetzt Luise in Unruhe: Ihr Onkel Adolf Friedrich von Mecklenburg-Strelitz stirbt an diesem Tag kinderlos. Damit wird ihr Vater regierender Herzog von Mecklenburg-Strelitz. »Im Übrigen, glaube ich, lieber Vater, macht Regieren nicht sehr glücklich, es ist immer eine harte Last«, schreibt Luise am 5. Juni aus Sanssouci nach Neustrelitz. Gern hätten die Schwestern ihren Vater besucht, doch ohne ausdrückliche Genehmigung des Königs wagen sie die Reise nicht. Denn immerhin hätten sie bei der Reise mit einer Einladung des vom König gemiedenen Prinzen Heinrich rechnen müssen, Rheinsberg

Schloß Oranienburg nördlich von Berlin, einst Residenz und Sterbeort des Großvaters von Friedrich Wilhelm III., Prinz August Wilhelm von Preußen (1726 – 1758). Seit Januar 2001 ist es als Museum zu besichtigen.

Denkmal Friedrich Wilhelms II. in Neuruppin, errichtet 1829 als Dank für die großzügige Unterstützung des Monarchen für den Wiederaufbau der 1787 durch Brand weitgehend zerstörten Stadt. Die Skulptur schuf Friedrich Tieck, die Denkmalsanlage Karl Friedrich Schinkel. Neuguß von 1998

liegt schließlich nur drei Meilen von Neustrelitz entfernt. Als die Genehmigung des Königs aus Polen eintrifft, ist der unternehmungslustige Vater jedoch schon selbst wieder auf Reisen. Er fährt über Potsdam zum geliebten Kurort Bad Pyrmont.

Erst im Sommer 1796 erfüllt sich Luises Wunsch. Luise und Friedrich Wilhelm dürfen den »Papa« besuchen, wie ihn auch der Kronprinz nennt, der seinen eigenen Vater stets nur als »der König« bezeichnet. Es ist Luise, die den König um die Reiseerlaubnis bittet. Dieser schreibt daraufhin seinem Sohn eigenhändig zurück: »Da Du nicht Zeit hast, mich selbst um Erlaubnis zu bitten, die Prinzessin Deine Gattin nach Strelitz zu begleiten, so müßte ich Dir durch einen Sekretär schreiben lassen. Da ich aber viel weniger beschäftigt bin als Du und vielmehr Zeit für mich habe, so finde ich glücklicherweise einen Augenblick, Dich durch diese Zeilen zu benachrichtigen, daß es ungehörig ist, wenn mein Sohn und ein General meiner Armee mich durch seine Gemahlin um Urlaub bittet. Übrigens gebe ich Dir vierzehn Tage Urlaub für die Reise.« Am 15. Juli geht es los. In Hohenzieritz und Neustrelitz, in Ivenack und auf dem Gut Groß Gievitz verlebt das Paar schöne Tage im Mecklenburgischen.

Königskrone – das junge Herrscherpaar

Luise hat im Oktober 1794 eine Fehlgeburt. Ein Jahr später, am 15. Oktober, kommt Prinz Friedrich Wilhelm zur Welt, der einmal Preußens König Friedrich Wilhelm IV. sein wird. In 16 Ehejahren wird Luise zehn Kinder zur Welt bringen.

Kurz vor Weihnachten 1796 erkrankt ihr Schwager, Prinz Louis, an der Bräune, wie damals Diphtherie genannt wurde. Am 28. Dezember ist er tot. Die achtzehnjährige Friederike ist Witwe. Selbst am preußischen Hof, im Preußen der Spätaufklärung ist es um die hygienischen Bedingungen sehr schlecht bestellt. Noch immer versteht man unter Körperpflege nicht regelmäßiges Waschen, sondern Schminken und Pudern. Das Wissen um Ursachen von Krankheiten und ihre Heilung ist gering. Kein Wunder, daß sich die ganze Familie ansteckt. Auch Luise ist leicht erkrankt, ihr Mann schwer, aber er überlebt.

Die königliche Familie im Park zu Charlottenburg. Links in Uniform Kronprinz Friedrich Wilhelm (IV.), unter ihm Wilhelm (I.), Charlotte, Alexandrine und Karl. In der Mitte König Friedrich Wilhelm III, rechts neben ihm Königin Luise und seine Schwägerin Prinzessin Marianne sowie seine Brüder Heinrich und Wilhelm, der Gemahl der Prinzessin Marianne. Radierung von Friedrich Wilhelm Meyer nach Heinrich A. Dähling, 1806.

Schloß Paretz, Postkarte um 1930

Im Januar stirbt in Schönhausen vor den Toren der Stadt die greise Witwe Friedrichs II. Der König bietet das Schloß dem Kronprinzenpaar als Sommerresidenz an, doch der Sohn lehnt ab, da er erst vor kurzem für 30 000 Taler das Gut Paretz erworben hat. Auch die Frau des Rheinsberger Prinzen Heinrich lehnt ab – ihr ist Schönhausen zu teuer. Schließlich erhält Luises Schwester Friederike das Anwesen als Witwensitz.

Im Spätherbst desselben Jahres stirbt der König, dreiundfünfzigjährig, früh gealtert und verbraucht. Durch eine unglückliche Außenpolitik, durch Mätressen- und Mißwirtschaft stehen Staat und Armee am Rande des Ruins. »Bei seinem Tode hieß es: Wohl ihm! Wohl uns, daß er nicht mehr ist! Der Staat war seiner Auflösung nahe!« Zynisch, aber treffend notiert General Christian Freiherr von Massenbach den Tod Friedrich Wilhelms II.

Für Sohn und Schwiegertochter kommt der Tod des Schwerkranken nicht überraschend, und doch sind der Achtundzwanzigjährige und die Einundzwanzigjährige kaum auf ihre neue Aufgabe vorbereitet. Der junge König tritt ein schweres Erbe an: der Staatsschatz aufgebraucht, eine Verwaltung im Stillstand, die Disziplin des Beamtentums gelockert,

Die Parkseite des Schlosses Paretz im März 2001

schier unlösbare außenpolitische Probleme, gewaltige Aufgaben bei der Eingliederung der neu erbeuteten polnischen Territorien. Der König schreibt: »Das größte Glück eines Landes besteht zuverlässig in einem fortdauernden Frieden.« Er denkt anders als sein Vorgänger: Die Einkünfte des Landes gehören nicht dem König, sondern dem Land. Luxus beim Militär und bei Hofe gehören abgeschafft. Der König soll den Rat »rechtschaffener, biederer, einsichtsvoller und interessierter« Männer einholen, nicht nur den »reicherer und angesehenerer«.

Doch die Komplexität der Staatsgeschäfte überfordert den oft in sich gekehrten, in der Öffentlichkeit unsicher wirkenden jungen Monarchen. Er ist wahrheitsliebend und pedantisch zugleich. Meist spricht er abgehackt. »Mir fatal« wird ein geflügeltes Wort. Er vertraut nur wenigen Menschen. Nur Luise scheint es zu gelingen, ihn aufzumuntern, ihm Momente des Glücks zu bereiten und das oft mit einfachen Mitteln: einem Kuß auf die Stirn, einem lustigen, einfachen Liedchen oder einem kleinen Geschenk.

So sparsam der neue König ist, so großzügig ist er gegenüber seiner angebeteten Frau. Argwöhnisch hat er beobachtet, daß Friederike mit modernster und teuerster Garderobe glänzt, während Luise sich bescheiden kleidet. Als Königin soll sie auch die schönste Frau im Lande sein. Das läßt sich Luise nicht zweimal sagen. Nicht frei von Eitelkeiten nutzt sie das Angebot, bereits in der Karnevalssaison, nach der sechswöchigen Trauerzeit um den alten König, glänzt sie bildschön und mit aufwendigen Kleidern und originellem Kopfputz.

Ansonsten lebt das Königspaar bescheiden. Es zieht nicht in das Schloß, sondern bleibt im Kronprinzenpalais wohnen. Es schlendert Arm in Arm über den Berliner Weihnachtsmarkt oder besucht den Stralauer Fischzug. Beide sind populär. Auf der Pfaueninsel oder in Paretz verleben sie ruhige und schöne Stunden. Vor allem in Paretz genießen sie mit ihren Kindern die dörfliche Idylle, die sie sich geschaffen haben.

Die junge Königin ist sich ihrer Bildungslücken wohl bewußt. Von Vertrauten erbittet sie Bücher, nimmt Stunden in Englisch und Geschichte. Prinz Heinrich aus Rheinsberg, der eine vorzügliche Bibliothek besitzt, schickt eine ganze Liste von Büchern von Epiktet, Horaz und Homer bis Montaigne – kein deutsches Buch findet sich darunter. Es ist nicht überliefert, ob Luise Heinrichs Angebot tatsächlich in Anspruch genommen hat. In Marie von Kleist, einer Tante des noch jungen Dichters Heinrich von Kleist, und in Karoline von Berg, die mit Goethe und Herder in Verbindung steht, findet sie enge Freundinnen. Frau von Berg war viermal verheiratet, Jean Paul nannte sie eine »geistige Amazone«. Später wird Luise in den Armen der 17 Jahre älteren Freundin sterben.

Stille Jahre – Sorgen um Friederike

Die stillen Jahre – so ist die Zeit bis 1802 oft bezeichnet worden. Der umfangreiche Briefwechsel Luises mit ihren Geschwistern verrät viel über ihren Alltag, ihre Sorgen und Freuden. Am 14. April 1804 schreibt sie: »Vom 5. bis heute bin ich ein Miserableches gewesen; Reißen im Kopf, Fuß, ein ungeheures Zahngeschwür, Fieber usw. haben mich auf meine Chaiselongue gehalten, gezerrt, geplagt und mich des Vergnügens beraubt, mit Dir zu sprechen.«

Sorgen bereitet auch Friederike, die Prinzessin Louis, wie sie genannt wird. Die junge Witwe, die zu Zeiten ihrer lieblosen Ehe schon viele Verehrer hatte, genießt den neuen, abgeschiedenen Wohnort Schönhausen. Gräfin Voß notiert über Friederike in ihr Tagebuch: »Jeder will sie haben, wer sie sieht, ist in sie verliebt.« Die gestrenge Oberhofmeisterin sieht die jungen Männer kommen und gehen. »Sie weiß sich nur zu gut zu trösten«, schreibt die Gräfin nieder und stöhnt: »Zu Tisch immer dieser ewige Prinz Solms.« Luise scheint nichts zu bemerken. Zu dem Zeitpunkt hatte Friederike schon zahlreiche Liebhaber gehabt, darunter Prinz Louis Ferdinand. Einer Heirat hatte der König nicht zugestimmt. Dann kam ein englischer Vetter als Heiratskandidat ins Gespräch. Aber auch mit dessen Bruder war die fröhliche Frau verbandelt.

Schließlich passiert etwas Unausdenkliches: Friederike ist schwanger und erwartet ein uneheliches Kind. Sie hat nicht den Mut, es ihrer Schwester zu sagen. Verheimlichen läßt sich der Zustand nicht mehr. Luise erfährt es kurz vor Weihnachten 1798 und unterrichtet den König und den englischen Vetter. Der König ruft den Familienrat ein und entscheidet: Friederike heiratet sofort den Prinzen Solms, verliert den Titel Königliche Hoheit und ihren Hofstaat, er wird ins preußische Ansbach zurückversetzt, sie verläßt mit ihm Berlin, ihre Kinder Friedrich Ludwig und Friederike bleiben in Berlin. Heimlich muß das Paar sich aus der Hauptstadt schleichen. Geheimnisse ranken sich um das Kind, eine Tochter, die Anfang März geboren wird und angeblich nur kurz lebt. Das Liebesglück mit Solms währt nicht lange: Dieser entpuppt sich als roher Trinker. Später wird Friederike noch einmal heiraten und als Königin von Hannover auch mit ihrem preußischen Schwager wieder Frieden schließen.

Vorerst sind Luise und Friedrich Wilhelm erschüttert. Luise, die so sehr an ihrer Schwester hing, ist von dem Vertrauensbruch enttäuscht. In Briefen, vor allem an Bruder Georg, beklagt sie den Verlust der kleinen Schwester: »Sie ist fort ... Ach Gott! Helfe mir diese schwere Trennung tragen... Der Himmel allein weiß, was ich die Zeit über litt, und wie viel Tränen heimlich des Nachts mein Lager netzten.« (11. Januar 1799).

Noch weiß Luise nicht, daß sie bald viel mehr Tränen vergießen wird. Preußen wird im europäischen Machtkampf zwischen Frankreich, England, Österreich und Rußland fast aufgerieben. Die ungeschickte, zögerliche und im falschen Moment forsche Politik Friedrich Wilhelms III. trägt dazu bei. Lange versucht er, die Neutralität zu wahren. Mit dem Zaren Alexander I. verbindet ihn eine enge persönliche Freundschaft. Auch Luise mag den russischen Herrscher. Nicht nur in Briefen schwärmt sie von seiner Erscheinung und seinem Auftreten,

Das Schloß Schönhausen in Berlin-Pankow war 1740 bis 1797 Residenz der Gattin Friedrichs des Großen, Elisabeth Christine. Das Kronprinzenpaar besuchte hier die Königinwitwe. Nach ihrem Tod wurde es von verschiedenen Mitgliedern der königlichen Familie bis Mitte des 19. Jahrhunderts hauptsächlich in den Sommermonaten bewohnt, so von Luises Schwester Friederike. Später weilte diese hier mit ihrem Gatten Ernst August von Cumberland (1771 – 1851), seit 1837 König von Hannover.

so daß die Geschichtsschreibung bis heute rätselt, ob da mehr als nur schwärmerische Zuneigung im Spiel war.

In dieser Zeit treten zwei Männer auf den Plan: Reichsfreiherr Karl vom und zum Stein und Karl August von Hardenberg, die Initiatoren der dringend notwendigen preußischen Reformen. Stein hat Luise nicht eben schmeichelhaft charakterisiert: »liebenswürdig, angenehm, aber nur oberflächliche Bildung, gefallsüchtig, unvollkommene Mutter«. Trotzdem kommt Luise große Bedeutung zu, ohne sie wäre Stein nicht der für den zerrütteten Staat so wichtige Minister geworden. Und sie tritt immer wieder – bis ans Totenbett – für Hardenberg ein. Sie weiß, wie labil und entscheidungsschwach ihr Mann ist, und sie sieht, wie dringend nötig Veränderungen und Entscheidungen für das Land sind. Sie spürt, daß diese beiden starken und klugen Männer ihren Mann stützen können.

Krieg – Niederlage des alten Preußens

Im Sommer 1806 überschlagen sich die Ereignisse. Sechzehn süd- und westdeutsche Fürsten erklären ihren Austritt aus dem Reichsverband, sie beugen sich Frankreich, darunter Bayern, Baden und Württemberg. Preußen geht diesen Weg nicht. Napoleons Truppen, verstärkt durch Kräfte seiner neuen Vasallen, scheinen gegen Sachsen und Preußen gerichtet zu sein. Es wird hin- und herverhandelt. Napoleon verspricht Hannover mal den Preußen, mal den Engländern. Über dieses doppelte Spiel ist Friedrich Wilhelm mehr als verärgert. Er, der stets Neutralität vorgezogen hatte, stellt sich mit seiner Armee, von Hardenberg und anderen gedrängt, Napoleon in Thüringen entgegen, um einen Marsch des Gegners nach Berlin zu verhindern. Napoleon betrachtet Preußens Mobilmachung als Kriegserklärung.

Am 20. September zieht der König mit 142 000 Mann in den Krieg, zunächst ins Hauptquartier bei Naumburg. Luise folgt ihm. Die Kinder bleiben in Potsdam.

Schloß Steinhöfel bei Fürstenwalde. Das Gut von Hofmarschall Valentin von Massow wurde zwischen 1790 und 1795 von David Gilly angelegt. Schloß und Gartenhaus, Amtsgebäude, Dorfhäuser und englischer Landschaftspark begeisterten Luise und Friedrich Wilhelm. Das Kronprinzenpaar lernte das Mustergut 1794 kennen. Sie wollten etwas ähnlich Natürliches in Paretz schaffen. Gilly bekam den Auftrag und Friedrich Wilhelms Ermahnung mit auf den Weg: »Bedenken Sie immer, daß Sie für einen armen Gutsherren bauen.« Das Schloß Steinhöfel wurde Ende des 19. Jahrhunderts stark umgebaut.

Doch das in alten Vorstellungen befangene preußische Heer, geführt von einer eigensüchtigen, überheblichen Offizierskaste, hat keine Chance gegen die motivierte französische 200 000-Mann-Armee mit einem genialen Heerführer.

Bei Saalfeld kommt es zu ersten Kämpfen. Dabei fällt am 10. Oktober der populäre Prinz Louis Ferdinand. König und Königin verlassen fluchtartig ihr Lager und ziehen nach Weimar zurück. Napoleon bietet dem Preußenkönig Verhandlungen an, aber dieser lehnt ab. Am 14. Oktober kommt es zur großen Doppelschlacht bei Jena und Auerstedt. Die Preußen werden vernichtend geschlagen. 20 000 Preußen fallen, 18 000 werden gefangen genommen. Versprengte Truppenteile irren durchs Land. Die einst ruhmreiche preußische Armee hat de facto aufgehört zu existieren.

Flucht in Preußens letzten Zipfel

Luise gerät ins Rückzugsgetümmel. Der Heerführung ist jede Übersicht verloren gegangen. Am 17. Oktober trifft Luise in Berlin ein, aber die Flucht geht weiter, die Kinder sind bereits in Schwedt. Dort trifft sie ihre Kinder, zieht weiter nach Stettin. Von ihrem Mann hat sie keine Nachricht. Während in Berlin alles, was Rang und Namen hat, flieht, behält Reichsfreiherr von Stein kühlen Kopf, sichert die Staatskasse und kostbares königliches Silber und Porzellan, packt alles ein und bringt es nach Küstrin zum König. Von dort geht es weiter nach Königsberg im fernen Ostpreußen. Während Napoleon ohne große Gegenwehr, ja sogar von Teilen der Bevölkerung gefeiert, in Berlin eintrifft, befindet sich die nun vereinte königliche Familie weiter auf der beschwerlichen Flucht. Niedergeschlagenheit, Ungewißheit und Krankheit sind die Begleiter. Charlotte erkrankt schwer an Ruhr, Karl an Typhus.

Napoleon schlägt Friedrich Wilhelm einen Separatfrieden vor, um ihn vom russischen Zaren zu trennen. Friedrich Wilhelm setzt auf Alexander und lehnt ab. Napoleon marschiert auf Königsberg zu. Kurz vor Weihnachten erkrankt Luise selbst lebensgefährlich an Typhus. Die Flucht geht weiter. Bei bitterster Kälte überquert die todkranke Luise im offenen Schlitten die Kurische Nehrung. Die erste Nacht verbringt die Königin in einer Kate mit zerbrochenen Fenstern. Auf die Schwerkranke fällt Schnee. So ist es in zahlreichen Abbildungen überliefert worden.

Tilsit – das Treffen mit Napoleon

Im Juni 1807 besiegt Napoleon bei Friedland die russische und die Reste der preußischen Armee. Er marschiert in Königsberg ein und schlägt sein Hauptquartier in Tilsit auf. Napoleon trifft sich mit Alexander auf dem Njemen. Friedrich Wilhelm wird nicht hinzugezogen. Preußens Schicksal liegt in Napoleons Hand. Alexander willigt in einen Frieden ein, doch er hält zu Preußen und verhindert die Vernichtung seines alten Bündnispartners. Die Bedingungen und Forderungen, die Napoleon an Preußen stellt, sind gewaltig. Er fordert hohe Kontribution, große Teile des Territoriums und die Entlassung ihm mißliebiger Personen, allen voran Hardenberg.

In dieser Situation rät Hardenberg dem König, die Königin zu Napoleon zu schicken, um die Friedensbedingungen zu mildern. »Ich komme, weil Du es für gut befindest und weil Ihr, Du und Hardenberg, es zu wünschen scheint«, antwortet Luise ihrem Manne.

Nach zehnstündiger Fahrt trifft sie in Piktupöhnen ein. Hardenberg instruiert sie bis ins kleinste. Gräfin Tauentzien schreibt: »Die Königin trug einen weißen Crèpe mit Silber gestickt, ihren Perlenschmuck und ein Diadem von Perlen im Haar. Sie war in der ängstlichsten Spannung,

Begegnung zwischen Luise und Napoleon am 6. Juli 1807 in Tilsit. Illustration nach einem Gemälde von Eichstaedt, um 1900.

aber trotz aller Gemütsbewegungen dieser Zeit erinnere ich mich kaum daran, sie schöner gesehen zu haben als gerade in diesen, für sie so schweren Tagen.«

Mit Luise und Napoleon stehen sich zwei charismatische Persönlichkeiten gegenüber. Sie haben sich vorher mehrmals und öffentlich verteufelt. Napoleon ließ private Briefe Luises an Alexander in Paris veröffentlichen. Fast eine Stunde dauert das Gespräch unter vier Augen. Zum Schluß stößt Friedrich Wilhelm hinzu. »Ich mußte mich tüchtig wehren... Die Königin von Preußen ist wirklich bezaubernd, sie ist voller Koketterie zu mir. Aber sei ja nicht eifersüchtig, ich bin eine Wachsleinwand, an der alles nur abgleiten kann. Es käme mir teuer zu stehen, den Galanten zu spielen«, schreibt der Kaiser seiner Gattin Josephine nach Paris. Auch Luise ist überrascht, daß sie kein Ungeheuer vor sich sieht, sondern einen galanten Plauderer. Auf Napoleons Frage, wie sich die Preußen so überschätzen und ihn angreifen konnten, antwortet Luise mit dem legendären Satz: »Der Ruhm Friedrichs des Großen hat uns über unsere Mittel getäuscht.«

Allein: Erreicht hat Luise mit ihrem Bittgang nichts. Preußen hat mehr als die Hälfte seines Territoriums und seiner Bevölkerung verloren. 400 Millionen Taler sind zu zahlen. Das Besatzungsheer muß unterhalten werden. Berlin bleibt besetzt. Doch der Krieg ist (vorerst) beendet.

Teurer Frieden – wieder in Berlin

Preußen befindet sich auf dem Tiefpunkt seiner Geschichte – und findet zugleich hinaus. Stein organisiert den Staat neu, die kommunale Selbstverwaltung wird eingeführt. Unter Scharnhorst und Gneisenau wird eine Heeresreform in Angriff genommen. Von 143 Generälen, die 1806 in preußischen Diensten stehen, bleiben nur noch zwei: Blücher und Tauentzien. Erst 1809 gestattet Napoleon dem Königspaar die Rückkehr nach Berlin. Am 23. Dezember 1809 – fast genau 16 Jahre nach ihrer ersten Ankunft in Berlin – trifft Luise mit ihrer Familie unter dem Jubel der Berliner in der Hauptstadt ein.

Schloß Hohenzieritz: Sommerresidenz der Herzöge von Mecklenburg-Strelitz. Seit Abschluß einer umfangreichen Restaurierung ist hier seit 2000 die Verwaltung des Müritz-Nationalparks tätig. Eine kleine Ausstellung im Sterbezimmer und zwei Vorzimmern ist der Königin gewidmet. Auch die in der 1825 gebauten Dorfschmiede eingerichtete Ausstellung über Luise und die Dorfgeschichte ist sehenswert.

Letzte Reise

»Wir sind immer noch höchst unglücklich. Es ist wenigstens ein glänzendes Elend mit schönen Umgebungen, die einen zerstreuen, während es in Königsberg wirklich ein wirkliches Elend war«, schreibt Luise am 27. Januar 1810 an Hardenberg, zu dem sie wieder Kontakt knüpft. Erste Feste und Bälle werden gegeben, zu denen auch nichtadlige Offiziere und bürgerliche Familien geladen sind. Erstmals wird der Rote Adlerorden auch an einfache Soldaten vergeben. Neuerdings gibt es auch Orden für verdienstvolle Zivilpersonen, darunter Theaterdirektor Iffland. Der junge Karl Friedrich Schinkel erhält den Auftrag, das Kronprinzenpalais sowie die Wohnung Luises im Schloß Charlotten-

Dieses Monument aus Eisenguß an der Grenze zwischen Brandenburg und Mecklenburg, wenige Meter abseits der Straße (heute B 96) bei Dannenwalde/ Seilershof, erinnert an den Trauerzug mit der »Leiche der hohen Entschlafenen«. Das kleine Denkmal aus Eisenplatten wurde 2002 restauriert.

Den Luisentempel im Schloßpark zu Hohenzieritz ließ Herzog Carl zum Andenken an seine Tochter Luise durch seinen Hofbaumeister und Bildhauer Christian Philipp Wolff, einem Freund Christian Daniel Rauchs, errichten (Einweihung 1815).

burg neu und schlicht zu gestalten. Hinter den Kulissen werden die Fäden gesponnen und Luise spinnt kräftig mit, Hardenberg wieder in preußische Dienste nehmen zu können. Das geht nur mit Napoleons Segen; er stimmt schließlich zu, denn nur diesem Staatskanzler traut man zu, die Kriegskontributionen aufzutreiben.

Zehn Geburten, häufige Krankheiten, die Last der Besatzung und das Schicksal ihres Landes haben Luise verändert. »Meine Seele ist grau geworden durch Erfahrungen und Menschenkenntnis«, schreibt sie der Schwester Therese. Sie möchte ihren Vater und ihre 81jährige Großmutter in Neustrelitz besuchen. Unter Murren stimmt ihr Mann zu. Überschwenglich schreibt sie dem Vater: »Bester Päp! Ich bin tull und varucky. Eben diesen Augenblick hat der gute, liebevolle König die Erlaubnis gegeben, zu Ihnen zu kommen, bester Vater. Ich bin ganz toll.« Sie fährt am 25. Juni 1810 vor, der König will nach Hohenzieritz kommen, ehe es über Rheinsberg zurück nach Berlin gehen soll.

Als Friedrich Wilhelm in Hohenzieritz eintrifft, fühlt sich Luise nicht wohl. Im Garten des Sommersitzes trinkt sie am 29. Juni Tee und genießt die Aussicht nach Prillwitz und auf die Tollense. Es sind Luises letzte Stunden im Freien.

Am nächsten Tag bleibt sie im Bett. Ein Ausflug nach Rheinsberg fällt aus. Die Krankheit wird vom Arzt als nicht gefährlich, aber langwierig eingeschätzt. So entschließt sich Friedrich Wilhelm, allein nach Berlin zurückzufahren. Auch er ist leicht erkrankt.

Luises Krankheit stellt sich als Lungenentzündung heraus. Aber der Arzt schickt tagelang beruhigende Berichte nach Berlin. Erst als Kreislaufbeschwerden und Erstickungsanfälle die Königin immer mehr bedrohen, alarmiert man den König. Mit seinen beiden ältesten Söhnen reist er die Nacht hindurch. Morgens kurz vor 5 Uhr erreichen sie Hohenzieritz. Luise steht der Tod bereits auf der Stirn geschrieben. Friedrich Wilhelm erlebt den »unglücklichsten Tag seines Lebens«. Abends notiert er: »Wie erschrak ich, als ich sie bereits durch die heftigen anhaltenden Krämpfe und andern Leiden äußerst verändert aussehend fand.« »Du bist ja mein einziger Freund«, sagt Friedrich Wilhelm zu seiner Frau, ... »und Hardenberg«, flüstert diese ihm wie ein Vermächtnis zu. Wenig später ihre letzten Worte: »Herr Jesus, mache es kurz.«

Im Beisein ihres Gatten und der ältesten Söhne stirbt die vierunddreißigjährige Königin von Preußen am 19. Juli 1810 um 9 Uhr.

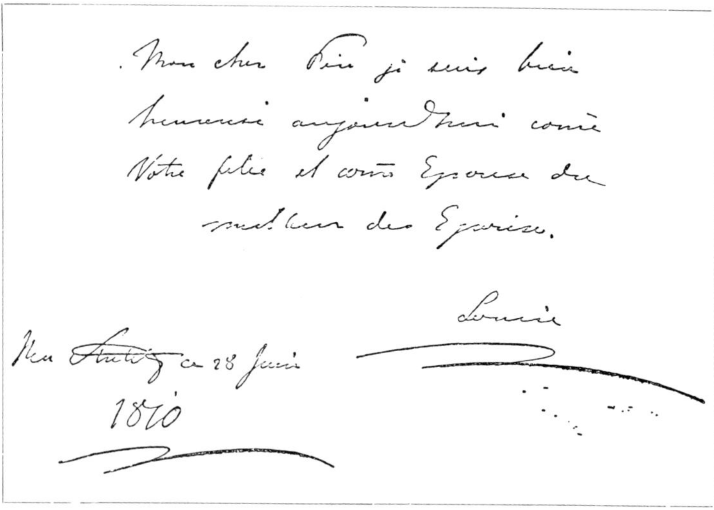
Mon cher Père je suis bien heureuse aujourd'hui comme Votre fille et comme Epouse du meilleur des Epoux.

Louise

Neu Strelitz ce 28 Juin 1810

Eine Woche später findet Luises Vater auf seinem Schreibtisch einen Zettel, auf den seine Tochter vier Wochen zuvor voller Freude und Erwartung geschrieben hatte:

Mon cher père!
Je suis bien heureuse aujourd' hui,
Comme votre fille et comme
L'épouse du meilleur des époux!

Neustrelitz, ce 28. Juni 1810

Mein lieber Vater!
Ich bin heute so glücklich als
Ihre Tochter und Frau des
Besten aller Gatten!

Das Luisen-Denkmal in Gransee (Grafschaft Ruppin, heute Kreis Oberhavel) steht an der Stelle, wo der königliche Trauerwagen, ständig von zahlreich herbeigeeilten Menschen umgeben, in der Nacht vom 25. zum 26. Juli 1810 verweilte.

Bereits am 29. Juli 1810 bewilligte der König den Antrag der Bürgerschaft der Grafschaft Ruppin, ein Denkmal für seine Frau in Gransee zu errichten, jedoch unter der Bedingung, daß die Kosten »nur durch freiwillige Beiträge, nicht aus einem öffentlichen Fonds« getragen werden. Karl Friedrich Schinkel schuf den Entwurf, und die Königliche Eisengießerei zu Berlin führte ihn aus. Am 19. Oktober 1811 wurde das Denkmal im Beisein des Prinzen Karl, Luises Sohn, eingeweiht.

Berliner Tiergarten: Am 10. März 1880 wird das von Erdmann Encke geschaffene Denkmal gegenüber einer Drake-Statue Friedrich Wilhelms III. in Anwesenheit des Kaisers enthüllt. Der Maler Fritz Werner hat das Ereignis in einem monumentalen Gemälde festgehalten. Auf diesem Bild ist unter den Zuschauern auch Theodor Fontane zu sehen. Das Geld für das Denkmal war durch Sammlung bei den Berlinern zusammen getragen worden.

Berlin-Kreuzberg: Schinkel schuf 1818 bis 1821 das Denkmal zur Erinnerung an die Gefallenen der Befreiungskriege. Zwölf Figuren verkörpern siegreiche Schlachten. Als Vorbild für eine Allegorie des Sieges diente Königin Luise. Die Statuen wurden von Christian Daniel Rauch, Friedrich Tieck und Ludwig Wichmann ausgeführt. Der gußeisernen Luisen-Figur fehlen heute der Stab in der Linken und eine Quadriga in der Rechten.

Luises Familie

Eltern

Vater: **Carl Ludwig** 10. 10. 1741 – 6. 11. 1816, Erbprinz von Mecklenburg-Strelitz, hannoverscher Generalleutnant, folgte 1794 seinem Bruder Adolf Friedrich IV. als Herzog, seit 1815 Großherzog

Mutter: Friederike, Tochter des Landgrafen Georg von Hessen-Darmstadt (20. 7. 1752 – 22. 5. 1782)

Ihr Vater heiratet 1784 in zweiter Ehe

Charlotte 5. 11. 1755 – 12. 12. 1785, Schwester seiner ersten Gemahlin

Großmutter mütterlicherseits

Luise (»Prinzessin George«), Tochter des Grafen Christian Karl von Leiningen-Heidesheim (16. 3. 1729 – 11. 3. 1818), verheiratet mit Georg Wilhelm, Landgraf von Hessen-Darmstadt (1722 – 1782), Reichsgeneralfeldmarschalleutnant, Bruder des regierenden Landgrafen von Hessen-Darmstadt Ludwig IX.

Geschwister

1. **Charlotte** 17. 11. 1769 – 14. 5. 1818, ∞ 1785 Friedrich, Herzog von Sachsen-Hildburghausen (1763 – 1834)
2. **Karoline** 1771 – 1773
3. **Georg** 1772 – 1773
4. **Therese** 5. 4. 1773 – 12. 2. 1839, ∞ 1789 Karl Alexander, Erbprinz, später Fürst von Thurn und Taxis (1770 – 1827)
5. **Friedrich** * und † 1775
6. **Friederike** 2. 3. 1778 – 29. 6. 1841
  1. ∞ 26. 12. 1793 Ludwig, Prinz von Preußen (15. 11. 1773 – 28. 12. 1796), Bruder Friedrich Wilhelms III.
  2. ∞ 10. 12. 1798 Friedrich, Prinz von Solms-Braunfels (1770 – 1814)
  3. ∞ 1815 Ernst August, Herzog von Cumberland, seit 1837 König von Hannover (1771 – 1851)
7. **Georg** 12. 8. 1779 – 6. 11. 1860, Erbprinz, seit 1816 Großherzog von Mecklenburg-Strelitz, ∞ 1817 Marie von Hessen-Kassel (1796 – 1880)
8. **Friedrich** 1781 – 1783
9. **Auguste** * und † 1782

Bruder aus der zweiten Ehe des Vaters
10. **Karl** 30. 11. 1785 – 21. 9. 1837, Prinz zu Mecklenburg-Strelitz, später General und Präsident des preußischen Staatsrates

Ehemann
Friedrich Wilhelm III. von Preußen 3. 8. 1770 – 7. 6. 1840, Sohn von König Friedrich Wilhelm II. (1744 / 86 – 1797) und dessen zweiter Gattin Friederike, Tochter des Landgrafen von Hessen-Darmstadt (1751 – 1805), regierte seit 1797

Kinder
1. Tochter (totgeboren 7. 10. 1794)
2. **Friedrich Wilhelm IV.** 15. 10. 1795 – 2. 1. 1861, König seit 1840
3. **Wilhelm I.** 22. 3. 1797 – 9. 3. 1888, 1857 Stellvertreter des erkrankten Bruders, 1858 Prinzregent, 1861 König, 1871 Deutscher Kaiser
4. **Friederike Charlotte** 13. 7. 1798 – 1. 11. 1860, als Alexandra Feodorowna seit 1817 Gattin Nikolaus I. von Rußland (1796 – 1855)
5. **Friederike** 14. 10. 1799 – 30. 3. 1800
6. **Karl** 29. 6. 1801 – 21. 1. 1883
7. **Alexandrine** 23. 2. 1803 – 21. 4. 1892, 1822 ∞ Großherzog Paul Friedrich von Mecklenburg-Schwerin (1800 – 1842)
8. **Ferdinand** 13. 12. 1804 – 1. 4. 1806
9. **Luise** 1. 2. 1808 – 6. 12. 1870, 1825 ∞ Friedrich Karl, Prinz der Niederlande (1797 – 1881)
10. **Karl Albrecht** 4. 10. 1809 – 14. 10. 1872

Die 1910 gepflanzte Luisenlinde in Kleinzerlang im äußersten Nordosten des jetzigen Kreises Ostprignitz-Ruppin.

Zeittafel

1776 10. März: Prinzessin Luise in Hannover im Palais an der Leinestraße geboren

1786 Frühjahr: Nach dem Tod der Mutter (1782) und der Stiefmutter (1785) Übersiedlung nach Darmstadt

1791 August bis September: Reise nach Holland

1792 Oktober: Flucht nach Hildburghausen zur Schwester

1793 18. März: Werbung des Kronprinzen Friedrich Wilhelm von Preußen in Frankfurt/M.
24. April: Verlobungsfeier in Darmstadt
13. Dezember: Abreise von Darmstadt
22. Dezember: Einzug in Berlin
24. Dezember: Vermählung in Berlin

1794 1. April: Übersiedlung nach Potsdam
Sommer: Die Kronprinzessin in Sanssouci, der Kronprinz im polnischen Feldzug
7. Oktober: Totgeburt einer Tochter

Mausoleum im Schloßpark Charlottenburg nach einem Entwurf von Heinrich Gentz

Die 1797 nach Plänen von David Gilly erbaute Dorfkirche von Paretz bei Potsdam. Im Innern ist ein Tonrelief Johann Gottfried Schadows – eine Allegorie auf Königin Luise – erhalten.

1796 Juli: Vierzehntägige Reise nach Neustrelitz
1795 15. Oktober: Prinz Friedrich Wilhelm in Berlin geboren
16. November: König Friedrich Wilhelm II. gestorben
Thronbesteigung seines Sohnes Friedrich Wilhelm III.
1798 Mai bis Juni: Huldigungsreise des Königspaares nach Ostpreußen
1799 25. Mai bis 8. Juli: Reise des Königspaares nach Franken und Thüringen, 1.– 3. Juli Aufenthalt in Weimar
1800 August: Schlesische Reise des Königspaares, 18. August Besteigung der Schneekoppe
1801 Mai: Luise begleitet den König zum Manöver nach Magdeburg
1802 Mai bis Juni: Reise nach Memel, 10. bis 16. Juni Zusammenkunft mit Kaiser Alexander I.

1803 25. Mai bis 30. Juni: Reise des Königspaares in die fränkischen Besitzungen und nach Darmstadt

1804 Ende August: Schlesische Reise des Königspaares

1805 Mai bis Juni: Reise nach Thüringen und in die fränkischen Besitzungen.
25. Oktober bis 4. November: Besuch Kaiser Alexanders in Berlin

1806 19. Juni bis 29. Juli: Badekur in Bad Pyrmont
20. September: Abreise des Königspaares von Berlin
14. Oktober: Schlachten bei Jena und Auerstedt; Flucht der Königin von Weimar über Erfurt-Göttingen-Braunschweig
17. Oktober: Luise in Berlin, 19. Oktober in Stettin,
20. bis 26. Oktober in Küstrin, 3. November in Graudenz
20. November in Osterode, 23. bis 5. Dezember in Ortelsburg
9. Dezember: Ankunft in Königsberg

1807 5. bis 8. Januar: Flucht Luises von Königsberg nach Memel
4. bis 10. April: Zusammenkunft mit Kaiser Alexander in Kydullen
12. April: Luise in Königsberg
10. Juni zurück nach Memel
6. Juli: Unterredung Luises mit Napoleon in Tilsit
9. Juli: Unterzeichnung des preußisch-französischen Friedensvertrages in Tilsit
10. Juli: Rückkehr des Königspaares nach Memel

Auf einer Anhöhe des Schloßparks von Neustrelitz, der Residenzstadt der Herzöge von Mecklenburg-Strelitz, erhebt sich seit 1891 eine Gedenkhalle für Königin Luise. In dieser befindet sich eine von Albert Wolff geschaffene Marmorkopie der Grabfigur aus dem Charlottenburger Mausoleum von Christian Daniel Rauch.

1808 15. Januar: Abreise von Memel nach Königsberg
27. Dezember: Abreise des Königspaares von Königsberg nach Petersburg
1809 31. Januar: Abreise von Petersburg
15. Dezember: Abreise von Königsberg
23. Dezember: Ankunft in Berlin
1810 21. Juni: Übersiedlung nach Charlottenburg
25. Juni: Abreise nach Neustrelitz
30. Juni: Erkrankung Luises
19. Juli: Luises Tod in Hohenzieritz. Überführung der Leiche nach Berlin Beisetzung im Berliner Dom
23. Dezember: Überführung des Sarges in das neu errichtete Mausoleum im Park zu Charlottenburg

Literaturauswahl

Bailleu, Paul, Königin Luise. Ein Lebensbild, Berlin 1908.

Taack, Merete van, Königin Luise, Tübingen 1978.

Feuerstein-Praßer, Die preußischen Königinnen, Regensburg 2000.

Gersdorff, Dagmar von, Königin Luise und Friedrich Wilhelm III., Berlin 1996.

Eylert, Ruhlemann, Friedrich, Die Gedächtnisfeier der verewigten Königin Luise von Preußen. Eine Stiftungsschrift, Berlin 1812.

Ohff, Heinz, Ein Stern in Wetterwolken, München-Zürich 1992.

Rothkirch, Malve Gräfin, Königin Luise von Preußen. Briefe und Aufzeichnungen 1786 bis 1810, München 1985.

Scheuren, Caspar und Elise Polko, Königin Luise – Stätten der Erinnerung, 1878.

Voß, Sophie Marie Gräfin v., Neunundsechzig Jahre am preußischen Hofe, Leipzig 1876.

Bruyn, Günter de, Preußens Luise, Berlin 2001.